Regina Helena Mantovani
(organizadora)

CRESCER EM COMUNHÃO
CATEQUESE E FAMÍLIA

Volume 3

Autores
Débora Regina Pupo de Lima
Gizamara Aparecida da Silva
Gladis Terezinha Romani
Ângela Maria de Godoy dos Santos

© 2014, Editora Vozes Ltda.
Rua Frei Luís, 100
25689-900 Petrópolis, RJ
Internet: http://www.vozes.com.br
Brasil

Todos os direitos reservados. Nenhuma parte desta obra poderá ser reproduzida ou transmitida por qualquer forma e/ou quaisquer meios (eletrônico ou mecânico, incluindo fotocópia e gravação) ou arquivada em qualquer sistema ou banco de dados sem permissão escrita da editora.

Dom José Antônio Peruzzo
Bispo das Dioceses de Palmas e Francisco Beltrão
Responsável pela Animação Bíblico-Catequética no Regional Sul II – CNBB
Novembro de 2013

Diretor editorial
Frei Antônio Moser

Editores
Aline dos Santos Carneiro
José Maria da Silva
Lídio Peretti
Marilac Loraine Oleniki

Secretário executivo
João Batista Kreuch

Editoração: Fernando Sergio Olivetti da Rocha
Projeto gráfico: Ana Maria Oleniki
Ilustração: Alexandre Maranhão
Capa: Ana Maria Oleniki

ISBN 978-85-326-4750-4

Editado conforme o novo acordo ortográfico.

Este livro foi composto e impresso pela Editora Vozes Ltda.

Sumário

Apresentação, 5

Introdução, 7

Leitura Orante da Palavra de Deus, 10

Temas para rezar e refletir, 13

   1 Sacramentos, presença de Deus, 15

   2 Batismo, compromisso na comunidade, 21

   3 Eucaristia, refeição da família, 27

   4 Confirmação, maturidade e compromisso, 33

   5 A força da Reconciliação, 39

   6 Missa, banquete da unidade, 45

Referências, 51

Apresentação

Queridos catequizandos,
Prezados pais e familiares,
Estimados catequistas,

Chegou a hora de retornarmos ao caminho. Podemos dizer que foi um longo percurso, marcado por muitas reuniões de estudos, de reflexões e de orações. Foi justamente este o ritmo dos que se empenharam em preparar estes livros de catequese que fazem parte da Coleção Crescer em Comunhão. São páginas portadoras de preciosos conteúdos, expostos com cuidados didáticos e com muita sensibilidade pedagógica.

Também podemos dizer que seus autores trabalharam com muita dedicação, tendo os olhos fixos nas experiências e no anseio de fazer ecoar e ressoar a Palavra de Deus para os interlocutores da catequese: catequizandos, catequistas e familiares.

A vocês, prezados pais e familiares, recordo-lhes que, em catequese, nada é tão decisivo quanto o interesse e a participação de vocês. Seu testemunho de fé e seu entusiasmo pela formação catequética de seus filhos farão com que eles percebam a grandeza do que lhes é oferecido e ensinado.

Agora, pronta a obra, é chegada a hora de entregá-la aos destinatários. É um bom instrumento, de muita utilidade. Mas a experiência de fé vem de outra fonte, do encontro com Jesus Cristo. Por Ele vale a pena oferecer o melhor para, juntos, crescermos em comunhão.

D. José Antônio Peruzzo
Bispo da Diocese de Palmas e Francisco Beltrão
Responsável pela Animação Bíblico-Catequética no Regional Sul II – CNBB

Introdução

O processo de educação da fé precisa gerar uma motivação interior, que resulte em uma resposta autêntica ao chamado de Deus, como nos ensina o Evangelho. Essa reflexão, ao iluminar nossa prática catequética, guiou-nos a inserir, na *revisão da Coleção Crescer em Comunhão*, subsídios destinados aos familiares, oferecendo-lhes reflexões para acompanhar seus filhos em sua formação cristã e assim atender a missão evangelizadora da Igreja para a família, compreendida como núcleo vital da sociedade e da comunidade eclesial.

A *Coleção Crescer em Comunhão*, com os livros Catequese e Família, pretende contribuir para que as famílias possam viver o Evangelho construindo um itinerário, um caminho de educação da fé marcado pela experiência, conversão e adesão a Jesus Cristo. Para isso procurou integrar elementos característicos do amor divino a fim de promover na família a vivência da comunhão aos moldes da unidade inspirada na Santíssima Trindade.

Para desenvolver o processo de educação da fé, visando propor uma experiência de encontro íntimo e pessoal com Jesus Cristo, os temas de cada volume – Catequese e Família – se constituem de reflexões orantes, fundamentadas na Palavra de Deus, para ajudar a família na tarefa de assumir e viver plenamente a proposta de Jesus Cristo. Com os encontros propostos colabora-se para a construção de uma experiência de amor gratuito, de fidelidade, de respeito mútuo, de oração e testemunho em defesa da vida, centrando-se nas palavras e atos de Jesus.

Como são desenvolvidos os encontros

Ambientação

No início de cada encontro há uma sugestão para preparar o espaço do encontro e oportunizar a realização de um momento de espiritualidade. É importante que o animador leia as sugestões, antecipadamente, para desenvolver e motivar o grupo a refletir sobre o significado dos símbolos propostos para cada tema.

O que queremos com este encontro

Define a intenção do que se almeja com cada tema, com cada reflexão. Por esta razão é importante conversar o que se pretende com cada encontro à medida que irão acontecendo, pois ao saber o que se espera todos podem contribuir para que a meta seja alcançada, como também podem avaliar o que é necessário fazer para atender o que é proposto. Isto tudo porque a finalidade maior é ajudar-se no crescimento da fé e para o encontro pessoal com Jesus Cristo.

Acolhida

Este é o momento onde todas as pessoas deverão ser acolhidas com alegria. Normalmente deverá ser feita por alguém da catequese ou da família, que receberá o nome de animador. Neste momento é feita uma oração inicial para pedir a luz do Espírito Santo na condução do encontro.

A Palavra de Deus ilumina nossa vida

A vida da família deverá ser refletida a partir da Palavra de Deus. Assim, sempre é proposto em cada encontro um texto bíblico para ser lido e refletido. É a partir da Palavra que se vai compreender a realidade existencial da vida em família no dia a dia. É importante que todos participem ativamente das reflexões, colocando suas opiniões, considerações e experiências.

Sempre que possível utilizar a LEITURA ORANTE DA PALAVRA para ajudar as famílias a fazerem do encontro um momento de ligação e entendimento com a Palavra de Deus. Sugerimos que este momento seja realizado em três passos apresentados em cada encontro:

- Meditando o texto bíblico.
- Partilhando a Palavra de Deus.
- Construindo nossa vida de fé.

Preces e bênção da família

Este momento é um convite para a oração e celebração, pedindo as bênçãos de Deus para a família a fim que se sinta fortalecida na sua missão de educadora na fé.

Uma tarefa para toda a família

É um convite para que as famílias sejam missionárias na construção do Reino de Deus a partir de si mesma. Para isto sugere ações simples e práticas que transformarão a família num espaço de alegria, aprendizado e esperança.

> Para enriquecer os temas sugere-se recorrer aos textos "Ensinamentos de Jesus e da Igreja", nos volumes do catequista da Coleção *Crescer em Comunhão*

Leitura Orante da Palavra de Deus

Para enriquecer os encontros da Catequese e Família sugerimos um exercício de Leitura Orante que poderá ser adaptado ou diversificado de acordo com o tema do encontro, não perdendo o foco do que está sendo tratado.

Este exercício apresenta momentos específicos: momento de preparação individual, momento pessoal ou comunitário, por fim, um momento para expor ao grupo os compromissos assumidos. Cabe ao animador fazer as amarrações finais das ideias e procurar conclusões que sirvam para todos. Para isso é preciso ficar atento, registrar as opiniões e resumi-las ao final da partilha para todo o grupo.

Para facilitar o estudo e a oração o animador deverá explicar detalhadamente, antes de iniciar a Leitura Orante, todo o esquema aqui proposto, passo a passo, a saber:

Preparando-se:

- Colocar o corpo em posição confortável.
- Invocar a luz do Espírito Santo.

1 Leitura: O que diz o texto em si?

- Criar silêncio interior, preparando-se para escutar.
- Leitura lenta e atenta do texto bíblico indicado.
- Momento de silêncio, lembrando o que leu, e repetir alguma frase ou palavra que mais o tocou.

2 Meditação: o que o texto diz para mim?

- Ler de novo o texto bíblico indicado.
- Atualizar, ligar a Palavra com a vida:
    - O que mais chamou minha atenção neste texto bíblico? Por quê?
    - Em que pontos a mensagem do texto me questiona?
    - Qual a mensagem de Deus para mim?

3 Oração: o que o texto me faz dizer a Deus?

- Ler de novo o texto bíblico.
- Assumir um compromisso na vida.
- Formular preces espontâneas para suplicar, louvar e agradecer a Deus.
- Recitar um Salmo que expresse o sentimento que está em nós (em mim).

4 Contemplação: olhar a vida com os olhos de Deus

- Qual o novo olhar que passei a ter em minha vida depois da Leitura Orante deste texto?
- Como tudo isto pode ajudar a viver melhor?

Temas
para rezar e refletir

Sacramentos, presença de Deus — 1

Ambientação

Preparar a Mesa da Palavra, com um porta-bíblia e três velas: uma simbolizando o Batismo, outra a Eucaristia, e a terceira simbolizando a Confirmação/Crisma. Colocar em local de destaque símbolos dos sete sacramentos: água – Batismo; pão – Eucaristia; óleo – Confirmação/Crisma; cruz – Penitência/Reconciliação ; óleo – Unção dos Enfermos; alianças – Matrimônio; estola – Ordem. Providenciar uma vela para cada participante e uma música ambiente.

O que queremos com este encontro

Compreender que os sacramentos são canais da graça de Deus, para o cristão vivê-lo na família e na comunidade, comprometido com Cristo, Caminho, Verdade e Vida.

Acolhida

Animador: Queremos acolher todos vocês com muito carinho. E, como sinal da alegria de estarmos juntos, vamos dar as boas-vindas a cada um que está aqui neste encontro com um abraço, desejando-lhe a paz de Cristo.

Catequista: Vamos nos colocar diante de Deus abrindo-nos à ação do Espírito Santo, cantando:

Canto: *A nós descei, divina luz!* (KOLLING, 2007, n. 353, p. 92).

A Palavra de Deus ilumina nossa vida

Animador: Vamos acolher a Palavra de Deus cantando.

(Organizar a procissão de entrada da Bíblia na sala de encontros.)

Animador: Em Jesus Cristo somos os filhos amados de Deus. Por isso, nosso coração deve viver e nossa boca deve anunciar essa verdade. As atitudes do nosso dia a dia explicitarão a nossa fé.

(Convidar todos os participantes para que escutem a Palavra proclamada da mesa da Palavra.)

Leitor: Leitura da Carta de São Paulo aos Romanos (Rm 10,1-15).

Leitor: Palavra do Senhor.

Leitor: Graças a Deus!

Canto

Meditando o texto bíblico

Animador: Vamos ler novamente o texto bíblico, em silêncio.

(Aguardar que todos façam a leitura do texto bíblico.)

Seguindo os passos propostos, vamos meditar o texto que lemos.

- **1º passo:** Mantendo fidelidade ao texto bíblico, identifique quais palavras ditas por Paulo chamam sua atenção e qual o sentido que têm para sua vida. Depois, responda: *O que o texto diz?*

- **2º passo:** Neste texto bíblico o Apóstolo Paulo nos fala que é louvável sermos zelosos com tudo que diz respeito à vontade de Deus que veio ao nosso encontro em Jesus Cristo. Também nos diz que o Evangelho, a Salvação, é acessível a todos, e por isso é muito importante a conversão pessoal e que expressemos publicamente o que sentimos em nosso interior, pois conversão e testemunho são sinais do nosso amor e amizade para com Deus. Reflita: *O que o texto me diz?*

- **3º passo:** A partir dessas reflexões, *o que o texto me leva a dizer a Deus?* Qual será meu novo olhar a partir da Palavra lida e meditada?

    (Partilha entre os participantes.)

PARTILHANDO A PALAVRA DE DEUS

Animador: O amor de Deus se faz presente na vida de homens e mulheres para que, a cada dia, possam viver e amar uns aos outros, superando tudo o que desagrada a Deus. Pelos sacramentos, Jesus Cristo vem ao encontro dos homens, mediante a ação da sua Igreja (cf. Puebla, n. 923).

Leitor 1: Somos convidados a aderir à fé da Igreja, que confessa a fé dos apóstolos e celebra os sacramentos. Estes são sinais da fé porque não apenas a supõem, mas a alimentam, a fortalecem e a expressam, por palavras e gestos.

Leitor 2: Nós nos preparamos para receber os sacramentos, na Igreja, por meio da Palavra de Deus e da fé que acolhe esta Palavra em nossos corações. Nos sacramentos Jesus está presente com sua força que alimenta e fortalece a nossa fé.

Animador: Para compreendermos melhor a ação de cada sacramento e sua eficácia em nossa vida cristã, vamos recorrer ao Catecismo da Igreja Católica (CIC, n. 1210-1666).

(O próprio animador, ou alguém convidado para este momento, poderá ajudar na reflexão, explorando o conteúdo do texto Sacramentos e graça divina de forma criativa. Se necessário, poderão ampliar ou reduzir as reflexões.)

SACRAMENTOS E GRAÇA DIVINA

Os sacramentos são sinais ou símbolos que, pela ação da Igreja, tornam presente a salvação, ao longo da história. Eles são sinais que causam a graça. Mas o que é a graça divina? É um dom de Deus que nos purifica do pecado e nos comunica a sua vida; a graça divina nos faz filhos de Deus, membros da Igreja, herdeiros do céu. Ela nos é dada pelos méritos de Cristo, nosso Salvador. Viver a graça divina significa viver sempre na amizade íntima com Deus.

Cada sacramento é um dom de Deus dado ao homem pelo ministério da Igreja. E como é dom, Deus não obriga ninguém a recebê-lo. Portanto, cada sacramento é um sinal divino, instituído por Jesus Cristo, dado à Igreja para ser administrado ao ser humano.

No nosso dia a dia usamos muitos sinais: o sinal da cruz, o gesto de amor dos nossos pais, o abraço, o sorriso, o partilhar dos alimentos... Precisamos de sinais porque não somos puro espírito, mas alma e corpo. Comunicamo-nos através de gestos, palavras... Jesus, usando de uma sábia pedagogia, serviu-se de sinais para transmitir os seus dons à humanidade: água, saliva, toque nos ouvidos, gestos...

Os sacramentos na Igreja são sinais:

- Sinais sagrados: porque exprimem uma realidade sagrada espiritual.

- Sinais eficazes: porque neles age o próprio Cristo; além de sinalizarem um efeito, os sacramentos o produzem realmente.

- Sinais da graça: porque transmitem dons diversos da graça divina.

- Sinais da fé: não somente porque supõem a fé em quem os recebe, mas porque nutrem, fortalecem e exprimem a fé.

- Sinais da Igreja: porque foram confiados à Igreja, nela são celebrados; em seu nome exprimem a sua vida, a edificam e tornam-se uma profissão de fé. Os sacramentos fazem parte da vida da Igreja, que tem como centro o próprio Cristo.

A vida de Cristo foi toda ela sacramental: Jesus recebe o Batismo de penitência de João Batista (Mc 2,17), perdoa os pecadores, mostrando uma nova face pela qual deseja ser conhecido (Mt 18,22), tranquiliza a adúltera de forma compassiva (Lc 7,48), ama os doentes e pecadores (Lc 4,38-44; Mt 9,13), perdoa os pecados e restitui a saúde ao paralítico em Cafarnaum (Mc 2,9), participa de uma festa de casamento (Jo 6), multiplica os pães, pelo ministério dos apóstolos (Mc 6,41), lava os pés dos discípulos (Jo 13,1-17)

São sete os sacramentos deixados por Jesus à sua Igreja:

- **Sacramentos da Iniciação Cristã: Batismo, Confirmação (ou Crisma) e Eucaristia**. Os sacramentos da iniciação cristã são fundamentais na vida cristã: participamos da natureza divina pelo Batismo, somos fortalecidos pelo Sacramento da Confirmação e nutridos pela Eucaristia.

- **Sacramentos de Cura: Reconciliação (ou Penitência ou Confissão) e Unção dos Enfermos**. Em nossa vida terrena, estamos sujeitos à dor, à doença e à morte. Como filhos de Deus, nossa vida de batizados pode ser enfraquecida pelo pecado, que também causa dor, sofrimento e morte. Jesus Cristo quis que nossa Igreja continuasse, na força do Espírito Santo, sua obra de cura e de salvação, restituindo a saúde do corpo e restaurando nossa comunhão com Deus. É esta a finalidade dos sacramentos de cura.

- **Sacramentos de Serviço e de Comunhão: Ordem e Matrimônio.** Com o Sacramento da Ordem a pessoa é consagrada para ser, em nome de Cristo, pela Palavra e pela graça de Deus, Pastor da Igreja. Por sua vez, os esposos cristãos, para cumprir dignamente os seus deveres de casados, são fortalecidos e consagrados pelo Matrimônio.

Todos os sacramentos nos concedem graças específicas que nos ajudam a exercer a missão para a qual Deus nos chama. Os sacramentos nos unem sempre mais a Cristo. Jesus disse: "Quem fica unido a mim, e eu a ele, dará muito fruto, porque sem mim vocês não podem fazer nada" (Jo 15,5). Aquele que recebe os sacramentos não pode mais continuar sendo um elemento passivo no mundo, mas é convocado a tornar-se um agente ativo, um instrumento de transformação, uma tocha acesa que ilumina todos os que vivem ao seu redor.

CONSTRUINDO NOSSA VIDA DE FÉ

Animador: Como educadores da fé de nossos filhos, vamos refletir sobre algumas questões relacionadas à nossa vivência dos sacramentos. Em pequenos grupos, vamos conversar sobre as questões:

- Como e quando sentimos que aderimos à vontade de Deus, a sua presença em nossas vidas, em nossa família?

- Quais os maiores desafios enfrentados pela família para que ela viva os compromissos dos sacramentos?

- Como a família pode educar seus filhos a reconhecer nos sacramentos o amor e a graça de Deus para nossa salvação?

Animador: Vamos partilhar as conclusões dos pequenos grupos e enriquecer-nos com as experiências das outras pessoas.

(Estabelecer um tempo para a realização da partilha.)

Preces e bênção da família

Animador: Com o desejo de viver nosso compromisso com Deus, através de seu Filho Jesus Cristo, e renovando os compromissos de nosso Batismo, façamos juntos a nossa Profissão de fé. A vela que teremos em nossas mãos representa a nossa fé viva e aberta à ação do Espírito Santo.

(Distribuir uma vela para cada participante.)

Todos: Creio em Deus Pai todo-poderoso, criador do céu e da terra; e em Jesus Cristo, seu único Filho nosso Senhor, que foi concebido pelo poder do Espírito Santo; nasceu da Virgem Maria, padeceu sob Pôncio Pilatos, foi crucificado, morto e sepultado; desceu à mansão dos mortos; ressuscitou ao terceiro dia; subiu aos céus; está sentado à direita de Deus Pai todo-poderoso, donde há de vir a julgar os vivos e os mortos. Creio no Espírito Santo, na santa Igreja Católica, na comunhão dos santos, na remissão dos pecados, na ressurreição da carne, na vida eterna. Amém!

Animador: Peçamos a bênção de Deus Pai.

O Senhor nos abençoe e nos guarde.

Todos: Amém.

O Senhor faça resplandecer o seu rosto sobre nós e tenha misericórdia de nós.

Todos: Amém.

O Senhor levante o seu rosto sobre nós e nos dê a paz.

Todos: Amém.

Uma tarefa para toda a família

Cada membro da família procure perceber as graças recebidas de Deus e bendizer o Senhor ao final de cada dia.

Batismo, compromisso na comunidade

2

Ambientação

Organizar o grupo em círculo, colocando no centro a Bíblia e os símbolos do Batismo: veste branca, o círio pascal (ou uma vela grande), um recipiente com água perfumada e outro com óleo. Preparar um quebra-cabeça com uma imagem de Cristo, recortada em pedaços, e entregar uma parte para cada participante, para depois montar o quebra-cabeça; providenciar, também, um recipiente com água-benta.

O QUE QUEREMOS COM ESTE ENCONTRO

Compreender o sentido do Batismo como filiação divina para vivê-lo na família e na Comunidade Igreja, Corpo de Cristo.

ACOLHIDA

Animador: Sejam todos bem-vindos! Irmãos e irmãs, com fé e alegria, iniciemos este encontro acolhendo cada participante com um abraço. Recordando a adesão à Igreja de Jesus Cristo, com nosso Batismo, vamos traçar, uns nos outros, o sinal da cruz, com água perfumada.

Animador: Peçamos ao Espírito Santo que nos ilumine, nos dê força e coragem na nossa caminhada de pais. Invoquemos juntos o Espírito Santo.

Todos: Vinde, Espírito Santo, enchei os corações dos vossos fiéis e acendei neles o fogo de vosso amor. Enviai o vosso Espírito e tudo será criado. E renovareis a face da terra. *Oremos*: Ó Deus, que instruístes os corações dos vossos fiéis com a luz do Espírito Santo, fazei que apreciemos retamente todas as coisas, segundo o mesmo Espírito, e gozemos sempre de sua consolação. Por Cristo Senhor Nosso. Amém.

A PALAVRA DE DEUS ILUMINA NOSSA VIDA

Animador: Vamos acolher a Palavra de Deus cantando.

(Organizar a procissão de entrada da Bíblia na sala de encontros.)

Leitor: Leitura do Livro dos Atos dos Apóstolos (At 8,26-40).

(Proclamar a Palavra de pé, enquanto os outros participantes permanecem sentados. Após a proclamação fazer alguns instantes de silêncio para a interiorização da Palavra.)

Leitor: Palavra do Senhor.

Todos: Graças a Deus!

Canto

MEDITANDO O TEXTO BÍBLICO

Animador: Vamos ler novamente o texto em forma de eco.

(Uma pessoa lê um versículo e, em seguida, a segunda, a terceira...)

Animador: Cada um de nós pode repetir em voz alta uma palavra ou frase que despertou sua atenção e que poderá nos ajudar na meditação que faremos do texto bíblico.

(Aguardar um momento para que alguns se manifestem.)

Animador: Façamos nossa meditação seguindo os passos:

▲ **1º passo:** Mantendo fidelidade ao texto bíblico observar quais personagens o texto apresenta, sobre o que falam, o lugar onde se encontram, quais palavras ditas por eles que chamou sua atenção e qual o sentido que tem para sua vida. Agora, responda: O que o texto diz?

▲ **2º passo:** O texto nos leva a perceber que o eunuco, após conhecer Jesus pela explicação que Filipe lhe faz das escrituras, encantou-se por Ele e desejou permanecer com Ele. Para você:

- O que significa conhecer Jesus?
- O que significa entender as Escrituras?
- O que significa encantar-se por Jesus?
- Ao refletir sobre estas questões, o que o texto diz a você?

▲ **3º passo:** Após refletir sobre o texto bíblico, o que podemos dizer a Deus?
(Aguardar um tempo para o grupo refletir sobre o texto e partilhar suas ideias).

PARTILHANDO A PALAVRA DE DEUS

Animador: O eunuco encantou-se por Jesus a ponto de pedir o Batismo. O sentido e a graça do Sacramento do Batismo aparecem claramente no rito de sua celebração. Seguindo, com atenção, os gestos e as palavras desta celebração somos iniciados nas riquezas que este sacramento significa e realiza em cada novo batizado.

(Explicar que neste momento do encontro farão uma leitura dialogada do texto baseado no Catecismo da Igreja Católica nos números que tratam do Sacramento do Batismo, CIC, n. 1235-1276.)

A CELEBRAÇÃO DO SACRAMENTO DO BATISMO

1. O Batismo é, de modo particular, o sacramento da fé, uma vez que é a entrada sacramental na vida de fé. O sinal da cruz, no princípio da celebração, manifesta a marca de Cristo impressa naquele que vai passar a pertencer-lhe e significa a graça da redenção que Cristo nos proporcionou por sua cruz.

2. O Batismo significa a libertação do pecado e do diabo, seu instigador. O exorcismo pronunciado sobre o candidato indica esta libertação. O batizando é ungido com o óleo dos catecúmenos e, em seguida, renuncia expressamente a satanás (Batismo de adultos) ou seus pais e padrinhos renunciam em seu nome (Batismo de crianças).

3. A água batismal é consagrada por uma oração, no próprio momento do Batismo ou na Vigília Pascal. A Igreja pede a Deus que, por seu Filho, o poder do Espírito Santo desça sobre esta água, para que os que nela forem batizados "nasçam da água e do Espírito" (Jo 3,5).

4. Em seguida, dá-se o rito essencial do sacramento: o Batismo propriamente dito, que significa e realiza a morte ao pecado e a entrada na vida da Santíssima Trindade. O Batismo é conferido derramando-se água, por três vezes, sobre a cabeça do batizando, enquanto o ministro pronuncia as palavras: "N., eu te batizo em nome do Pai e do Filho e do Espírito Santo".

5. A unção com o santo crisma, óleo perfumado que foi consagrado pelo bispo, significa o dom do Espírito Santo ao novo batizado, que se torna um cristão, quer dizer, "ungido" do Espírito Santo, incorporado a Cristo, ungido sacerdote, profeta e rei. Esta unção anuncia o Sacramento da Confirmação, que encerra a unção batismal.

6. A veste branca simboliza que o batizado revestiu-se de Cristo. A vela, acesa no círio pascal, significa que Cristo iluminou o recém-batizado (neófito). Em Cristo, os batizados são "a luz do mundo" (Mt 5,14).

7. Como filho de Deus em Jesus Cristo, o recém-batizado reza a oração do Pai-nosso. A celebração do Batismo é concluída com a bênção solene. No Batismo de recém-nascidos, a bênção da mãe ocupa um lugar especial.

Construindo nossa vida de fé

Animador: Baseados no que lemos sobre o Batismo, vamos conversar em duplas, contando o que mais chamou nossa atenção. Depois, colocaremos nossas ideias em comum no grupo maior.

(Aguardar um tempo para esta conversa.)

Catequista: Nos pedaços de papel que receberam escrevam o seu nome de Batismo. *(Aguardar.)* Agora, vamos colocar estes pequenos papéis no centro da sala representando cada pessoa batizada como parte do corpo de Cristo.

(Pedir para que dois participantes montem o quebra-cabeça formando a imagem de Cristo com os pedaços da imagem que receberam no início do encontro. Enquanto montam, convidar o grupo a cantar.)

Canto: *Jesus Cristo, ontem, hoje e sempre!* (KOLLING, 2007, 1010, p. 224.)

Animador: Agora que estamos com a imagem de Jesus pronta, de mãos dadas, como irmãos, membros do mesmo corpo de Cristo, vamos rezar o Pai-nosso e, em seguida, iremos renovar as promessas do nosso Batismo.

Todos: Pai nosso...

(Uma pessoa segura alto o círio pascal (ou uma vela grande), símbolo do Cristo ressuscitado.)

Animador: Com o desejo de viver nosso compromisso com Deus, por meio de seu Filho Jesus Cristo, renovemos os compromissos de nosso Batismo:

Catequista: Irmãos e irmãs, vocês prometem renunciar a tudo que os impede de seguir a Cristo?

Todos: Renuncio!

Catequista: Vocês prometem romper com a maldade e seguir a Cristo no caminho do bem?

Todos: Renuncio!

Catequista: Temos muitas espécies de demônios em nosso meio: aborto, ganância, injustiças, drogas, violência, desintegração das famílias e outros. Vocês renunciam a esses males?

Todos: Renuncio!

Catequista: Vocês renunciam a tudo o que desune e leva a oprimir os irmãos e irmãs?

Todos: Renuncio!

Catequista: Vocês creem em Deus Pai, que fez tudo o que existe, que nos ama e deseja a felicidade de todos os seus filhos e filhas?

Todos: Creio!

Catequista: Vocês creem em Jesus Cristo, Filho de Deus que se fez homem como nós, nasceu da Virgem Maria, sofreu e morreu para nos salvar, foi sepultado, ressuscitou dos mortos e subiu ao céu?

Todos: Creio!

Catequista: Vocês creem em Deus Espírito Santo, que mora em cada um de nós e vive presente atuando em nossa Igreja?

Todos: Creio!

Catequista: Vocês creem na Igreja que Jesus Cristo deixou e na missão de fazer com que todos sejam seus discípulos?

Todos: Creio!

Catequista: Esta é a nossa fé. Esta é a fé da Igreja, que nos gloriamos de professar em Jesus Cristo Nosso Senhor.

Todos: Amém!

Animador: Renovados pelas promessas de nosso Batismo, cantemos.

Canto

PRECES E BÊNÇÃO DA FAMÍLIA

Animador: Cada um de nós, com água-benta, traçará sobre si o sinal da cruz, desejando a paz a quem está ao nosso lado.

UMA TAREFA PARA TODA A FAMÍLIA

Em casa, com a família reunida, relembrar o Batismo de cada um de seus membros e, se possível, providenciar todos os batistérios e fazer um calendário com as datas, para que sejam celebradas a cada ano.

Eucaristia, refeição da família   3

Ambientação

Sobre uma mesa colocar um porta-bíblia e ao lado uma vela acesa, um pão grande ou vários pequenos (um para cada participante); uma jarra com vinho (ou suco de uva) e copos pequenos (descartáveis); prever também, para cada participante, uma vela pequena. Convidar, antecipadamente, quatro participantes para que possam auxiliar no desenvolvimento da dinâmica do pão.

O QUE QUEREMOS COM ESTE ENCONTRO

Reconhecer que a Eucaristia, Pão da Vida e da Partilha, deve nos fazer solidários e fraternos com nossos irmãos e irmãs, a começar pela família.

ACOLHIDA

Animador: Que todos sejam bem-vindos a este encontro da catequese e família! E, como irmãos, vamos partilhar como foi a semana de cada um, as alegrias, as vitórias, tristezas e cansaços.

(Dar um tempo para a partilha das vivências.)

Catequista: Que possamos fortalecer nossa fé e nos ajudarmos mutuamente crescendo na partilha e na doação. Como família de Deus, queremos iniciar este momento *em nome do Pai e do Filho e do Espírito Santo*.

Todos: Amém.

Leitor 1: Vamos observar os símbolos que estão colocados sobre a mesa: A que eles se referem? *(Deixar que os participantes falem e concluir que são símbolos da Eucaristia.)* Assim, no encontro de hoje somos convidados a refletir sobre a Eucaristia:

- O que entendemos verdadeiramente por Eucaristia?
- O que significa a Eucaristia em nossa vida?
  (Após estas perguntas orientar um momento de diálogo entre os participantes.)

Canto

A Palavra de Deus ilumina nossa vida

Animador: Vamos acolher a Palavra de Deus cantando.

(Organizar a procissão de entrada da Bíblia na sala de encontros.)

Animador: A Eucaristia foi instituída em uma ceia, um jantar. Jesus se reúne com seus discípulos e como despedida deixa seu corpo e sangue como alimento. A Última Ceia com os seus, antes da prisão e morte, é para Jesus um momento de partilha. Ele se doa, deixa tudo de si e convida seus discípulos a fazerem o mesmo. Vamos aclamar o Evangelho cantando.

Leitor: Leitura do Evangelho de Jesus Cristo segundo Lucas (Lc 22,14-20).

Leitor: Palavra da Salvação.

Leitor: Glória a Vós, Senhor!

Canto

Meditando o texto bíblico

Animador: Com nosso coração e nossos ouvidos atentos vamos acolher o que a Palavra de Deus quer nos dizer. *(Fazer um minuto de silêncio.)* Vamos prestar atenção na encenação que será feita e, depois, poderemos partilhar nossos sentimentos e o que compreendemos.

Encenação

O catequista coloca o pão em um lugar de destaque e motiva todos para que reflitam sobre o sentido de partir o pão, sobre o sentido da partilha. Jesus ao partir o pão deixou um grande dom: a sua presença na Eucaristia, ou seja, Ele partilhou a si mesmo. O catequista diz que eles vão acompanhar quatro reações diferentes diante do pão que se parte e cada um deve refletir com qual mais se identifica. O catequista parte o pão e deixa sobre a mesa. Aos poucos as pessoas convidadas previamente aproximam-se, em momentos alternados.

A primeira se aproxima e recebe do catequista um pedaço de pão; pega, olha para todos os participantes, coloca o pão na boca. O catequista oferece a bandeja com o pão partido, ela faz um gesto negativo e sai da sala.

A segunda se aproxima e recebe do catequista um pedaço de pão; pega, olha para todos os participantes, coloca o pão na boca. O catequista oferece a bandeja com o pão partido, ela faz um gesto negativo, cruza os braços e volta para o seu lugar, senta-se e não olha para ninguém.

A terceira se aproxima e recebe do catequista um pedaço de pão; pega, olha para todos os participantes, coloca o pão na boca. O catequista oferece a bandeja com o pão partido, ela faz um gesto negativo e vai se esconder em um canto da sala.

A quarta se aproxima e recebe do catequista um pedaço de pão; pega, olha para todos os participantes, coloca o pão na boca. O catequista oferece a bandeja, ela aceita e distribui para alguns participantes da assembleia. Enquanto o pão é distribuído pode-se entoar um canto que fale de partilha e Eucaristia.

Animador: Depois de observarmos a encenação, vamos conversar sobre as atitudes representadas, o que despertaram em nós, e como nos identificamos com os personagens.

(Deixar um momento para conversarem, destacando a dimensão da Eucaristia: partilha, fraternidade e solidariedade.)

Animador: Vamos reler o texto bíblico em silêncio, detendo-nos nas palavras, nos personagens, no local onde os fatos narrados aconteceram. Em seguida, vamos refletir sobre o que lemos olhando para nossa experiência em família.

(As perguntas feitas são para auxiliar na reflexão; portanto, não é necessário que sejam respondidas em voz alta. Manter um momento de silêncio entre as perguntas.)

Pai: Jesus reúne-se com seus amigos ao redor de uma mesa, lugar de festa, de alegria, de partilha. Ele e os discípulos estão em uma ceia, partilhando a refeição.

◢ Como nossa família vivencia os momentos de refeição?

Mãe: Jesus parte o pão e distribui. Não é um simples gesto. Jesus se dá aos seus discípulos através do pão e do vinho, símbolos de sua carne e do seu sangue. Hoje, em cada celebração eucarística, Jesus nos convida a participarmos deste encontro de alegria e partilha onde Ele se dá a nós.

◢ Como nossa família vivencia as celebrações da Eucaristia em nossa comunidade?

Catequista: A mesa da Eucaristia é a mesa da Fração do Pão. Ao participarmos somos convidados a renovar nossa fé, a fortalecer nossa comunhão e nossa pertença à comunidade.

◢ Somos conscientes da dimensão comunitária deste sacramento? Qual tem sido a nossa participação na vida da comunidade?

Animador: Vamos fazer um momento de oração pessoal. O que cada um gostaria de dizer para Deus neste momento?

(Deixar alguns instantes de silêncio para que cada participante faça sua oração.)

Animador: Juntos, rezemos a oração do Pai-nosso.

 Partilhando a Palavra de Deus

Animador: A Eucaristia é o sacramento que constrói a Igreja como autêntica comunidade do povo de Deus (Puebla, 246), pois toda a vida, morte e ressurreição de Jesus não teve outra finalidade senão unir com laços bem estreitos os homens com Deus e os homens entre si: estabelecer uma comum-união.

Catequista: Participar da Eucaristia é muito mais que um encontro com Jesus. Comer seu corpo e tomar seu sangue, nos diz o próprio Cristo, significa unir-se intimamente com Ele vivo: "pois a minha carne é verdadeira comida e o meu sangue, verdadeira bebida. Quem come a minha carne e bebe meu sangue permanece em mim e eu nele" (Jo 6,55-56).

Animador: João Paulo II assim escreveu na Carta Encíclica *Ecclesia de Eucharistia*: "A Igreja vive da Eucaristia. O olhar da Igreja volta-se continuamente para o seu Senhor, presente no Sacramento do Altar, onde descobre a plena manifestação do seu imenso amor" (EE, n. 1).

Todos: A Eucaristia é dom, presente do imenso amor de Deus.

Leitor 1: João Paulo II continua a nos ajudar a entender sobre a importância da Eucaristia quando, na mesma Carta, afirma: "A Eucaristia, presença salvífica de Jesus na comunidade dos fiéis e seu alimento espiritual, é o que de mais precioso pode ter a Igreja no seu caminho ao longo da história" (EE, n. 9).

Todos: A Igreja vive da Eucaristia.

Leitor 2: Ainda são palavras de João Paulo II: "A Igreja recebeu a Eucaristia de Cristo, seu Senhor, não como um dom, embora precioso, entre muitos outros, mas como o dom por excelência, porque dom dele mesmo, da sua Pessoa na humanidade sagrada, e também da sua obra de salvação" (EE, n. 11).

Todos: A Eucaristia é dom de Deus que nos convida à partilha.

Animador: O fato de a Eucaristia ser sinal (sacramento) de comunhão de vida e de pessoas, de solidariedade e amor entre os homens, participar da mesa da Comunhão significa ter atitudes de perdão, de fraternidade, de confiança, de paz.

Canto

 CONSTRUINDO NOSSA VIDA DE FÉ

Animador: Assim como o pão foi partilhado somos convidados a partilhar o vinho/suco de uva. Na Bíblia o vinho é sinal de amor. Hoje nossas famílias são alvo de tantas situações que fazem com que o amor diminua ou até mesmo desapareça. Cada um de nós é convidado para se aproximar da mesa que foi preparada e, ao pegar um copinho com o vinho/suco de uva, expressar através de uma palavra as atitudes que fortalecem o amor, a partilha e a solidariedade na família.

(Sugerimos colocar uma música instrumental.)

PRECES E BÊNÇÃO DA FAMÍLIA

Animador: Vamos nos reunir ao redor da mesa da Palavra e do Pão externando nossa confiança em Jesus Eucarístico ao encerrarmos este encontro de partilha e oração, rezando juntos, dizendo: Senhor Jesus,

Lado 1: Acreditamos que vieste junto de nós para nos revelar Deus nosso Pai, o criador de todas as coisas e a força vivificadora do Espírito Santo em sua Igreja.

Lado 2: Acreditamos que estás verdadeiramente presente no pão e no vinho consagrados, prolongando a tua presença salvadora a toda humanidade.

Lado 1: Acreditamos que no altar em que te ofereces ao Pai engrandeces os frutos da terra e do trabalho do homem, o sorriso das crianças, os sonhos dos jovens, a dor dos que sofrem, como grande oferenda de quem se dá aos seus irmãos.

Lado 2: Acreditamos que a tua bondade preparou uma mesa para os grandes e os pequenos, em que todos nos tornamos irmãos até darmos a vida uns pelos outros, como Tu a deste por nós.

Todos: Nós te damos graças, Jesus, por seres um companheiro de caminhada em nossa vida de família, enchendo-nos de esperança, paz e alegria. Que a tua Mãe nos acompanhe e nos ajude a anunciar a tua Palavra e a viver plenamente a Eucaristia. Amém!

Animador: Que o Senhor nosso Deus nos abençoe e nos guarde hoje e sempre.

Todos: Amém.

Canto

UMA TAREFA PARA TODA A FAMÍLIA

Conversar em família a experiência que fizeram neste encontro e se propor o compromisso de participar na comunidade paroquial de um momento de adoração eucarística.

Confirmação, maturidade e compromisso

4

Ambientação

Preparar uma mesa na qual possam ser colocados: uma imagem, gravura ou quadro de Jesus e também do Espírito Santo, recipiente com óleo, toalha branca e vermelha, vaso com flores, vela acesa e o porta-bíblia. Colocar aos pés da mesa um tapete ou algo semelhante, sobre o qual serão colocados um par de sandálias, gravuras ou fotos de jovens que aparentam estar desorientados, perdidos nas drogas, tráfico, crime e também de jovens felizes, frequentando a escola, praticando esportes, engajados na comunidade.

O QUE QUEREMOS COM ESTE ENCONTRO

Viver o sentido pleno do Sacramento da Confirmação como compromisso do cristão na comunidade.

ACOLHIDA

Animador: Queridos pais e familiares, desejamos boas-vindas a todos! Neste encontro de catequese e família iremos refletir sobre o Sacramento da Confirmação como o sacramento da maturidade e do compromisso do cristão na comunidade.

Catequista: Os apóstolos não realizaram nenhuma missão de evangelização antes de Pentecostes, pois precisavam estar fortalecidos pelo Espírito Santo. Também nós precisamos de sua força para sermos capazes de testemunhar e repetir as ações de Cristo no mundo.

Animador: Iniciemos este momento de oração e partilha, invocando o Espírito Santo para que Ele nos ajude a estarmos sempre prontos a dar testemunho e anunciar o Reino de Deus, assim como fez Jesus. Rezemos:

Todos: Senhor Jesus, assim como o Espírito Santo esteve sobre Vós e sobre os apóstolos, sejamos nós sempre movidos pelo mesmo Espírito, para que possamos realizar boas obras, amando mais o próximo e vivendo em comunhão. Que o Espírito nos conduza para uma vida reta e santa de forma que possamos nós, com nosso testemunho de vida, conduzir nossos irmãos a uma vivência de santidade e retidão. E que nossa comunidade e nossas famílias ajudem-nos nessa caminhada. Senhor, queremos ser seus discípulos. Amém.

Canto

A Palavra de Deus ilumina nossa vida

(Organizar a procissão de entrada da Bíblia e de alguns símbolos ligados ao Sacramento da Confirmação na sala de encontros: Para isso: convidar alguns catequizandos para participar deste momento do encontro.)

Animador: Vamos acolher a Palavra de Deus cantando.

Catequizando 1: *(Entrada solene da Bíblia.)* Senhor, quero testemunhar e anunciar sua Palavra! *(O catequizando a coloca no porta-bíblia.)*

Animador: Agora, vamos receber símbolos que nos ajudarão a compreender o Sacramento da Confirmação ou Crisma.

(Cada catequizando entra trazendo um símbolo e, um a um, vira-se para as famílias, apresentando-o e, em seguida, colocando-o sobre o tapete que está junto à mesa.)

Catequizando 1: *(Imagem ou gravura de Jesus, ou cruz.)* Senhor, quero ser seu discípulo!

Catequizando 2: *(Espírito Santo.)* Senhor, quero ser fortalecido pelo seu Espírito!

Catequizando 3: *(Óleo.)* Senhor, unge-me com seu Espírito!

Catequizando 4: *(Vela acesa.)* Senhor, que eu seja luz que ilumina o caminho de meus irmãos!

Catequizando 5: *(Fotos/gravuras de jovens em situação de sofrimento e de exclusão.)* Senhor, que esses jovens possam ouvir sua voz em meio aos gritos e gemidos de sofrimento!

Catequizando 6: *(Foto/gravuras de jovens engajados na comunidade.)* Senhor, que esses jovens continuem firmes testemunhas de sua obra!

Catequizando 7: *(Foto/gravuras de famílias.)* Senhor, que possamos encontrar nas famílias amor, respeito e fidelidade!

Catequizando 8: *(Sandálias.)* Senhor, estou pronto para continuar sua missão e anunciar o Reino de Deus!

Leitor: Leitura do Livro dos Atos dos Apóstolos (At 19,1-6).

Leitor: Palavra do Senhor.

Todos: Graças a Deus!

Canto

 MEDITANDO O TEXTO BÍBLICO

Animador: Paulo conversa com alguns discípulos de João Batista que já tinham sido batizados por ele com água. Era um Batismo de arrependimento dos pecados. No entanto, João Batista anunciava alguém que viria depois dele: Jesus, o Messias, que iria batizar com o Espírito Santo.

Catequista: Vamos retomar a conversa de Paulo com os discípulos de João em dois coros:

1. Paulo quis saber se haviam recebido o Espírito Santo quando abraçaram a fé.

Todos: Nunca ouvimos dizer que havia um Espírito Santo.

2. Em que Batismo foram batizados, perguntou-lhes Paulo.

Todos: No Batismo de João.

1. Paulo ofereceu-lhes o Batismo de Jesus...

Todos: ...e eles foram batizados.

2. Paulo impôs-lhes as mãos...

Todos: ...e eles receberam o Espírito Santo.

Animador: Como lemos, Paulo falava de um Batismo diferente: o do Espírito Santo. Para entendermos melhor o sentido do Sacramento da Crisma ou Confirmação, devemos perguntar-nos:

◢ Quem é o Espírito Santo?

◢ Qual a sua função no plano de Deus?

◢ Só na Crisma temos a presença do Espírito Santo?

(Pedir que as pessoas conversem com quem está próximo sobre o Espírito Santo, conforme as questões propostas, e depois partilhem com o grupo maior suas reflexões.)

Catequista: A Crisma ou Confirmação é o sacramento que nos enriquece com a força do Espírito Santo e nos faz agir como verdadeiras testemunhas de Cristo, difundindo e defendendo a fé por palavras e obras.

PARTILHANDO A PALAVRA DE DEUS

Animador: O Catecismo da Igreja Católica nos números 1285 a 1321 nos ensina sobre o Sacramento da Crisma ou Confirmação. Ele, juntamente com o Batismo e a Eucaristia, faz parte dos sacramentos da iniciação cristã. No Sacramento da Confirmação, assim como ocorreu em Pentecostes, o Espírito Santo desceu sobre a comunidade dos discípulos que se encontrava reunida, fortalecendo-os para que testemunhassem corajosamente o amor de Deus.

Catequista: Este sacramento chama-se Crisma por causa do rito essencial que é a unção com o óleo do Crisma composto por óleo de oliveira (azeite de oliva) perfumado com resina balsâmica, consagrado pelo bispo na missa do Crisma, celebração que acontece na manhã da Quinta-feira Santa. O óleo representa a alegria, a força e a saúde. Quem é ungido recebe o perfume de Cristo. O sacramento recebe também o nome de Confirmação, porque consolida a graça batismal.

Leitor 1: O Catecismo da Igreja Católica (CIC) nos apresenta a importância de receber o Sacramento da Confirmação, pois é por ele que nos unimos de maneira plena à Igreja e somos tomados de uma força especial que nos torna capaz de testemunhar Cristo e defendê-lo tanto por palavras como por obras.

Leitor 2: O Sacramento da Confirmação nos marca com o selo de pertença a Jesus Cristo. Essa pertença nos coloca a serviço do Reino de Deus, assim como Jesus o fez.

Construindo nossa vida de fé

Animador: Diante de tudo o que foi refletido, vamos conversar em pequenos grupos:

- Você se sente capaz de assumir a missão de crismado, que é a continuação da missão de Jesus e dos apóstolos? Você acredita que está testemunhando a seus filhos que fez uma escolha consciente e livre?

- Sabemos que a família é a primeira catequista e o lugar onde o Espírito se manifesta, em especial tendo em vista que o Sacramento da Crisma ou Confirmação é o sacramento da maturidade cristã. Assim, a família deve explicar por quais motivos seus filhos devem ser confirmados. Isto está acontecendo em nossas famílias?

- A Igreja e a comunidade, que devem acolher o crismado como alguém que tem algo a dizer, com ajuda do Espírito Santo. Em nível concreto, o que tem para oferecer a estes jovens?

   (Após a conversa partilhar no grupo maior as reflexões levantadas pelas famílias.)

Preces e bênção da família

Animador: Como Paulo que, preocupado com os discípulos, quis saber se haviam abraçado a fé pela força do Espírito Santo, assim devem ser nossos padres, familiares e nossa comunidade, sempre preocupados com os que irão abraçar a fé.

Todos: "Envia vosso Espírito, Senhor, e renova a face da terra".

Animador: Os discípulos foram chamados a receber o Espírito Santo e tornaram-se participantes e testemunhas da promessa de Jesus.

Todos: "Senhor, quero eu também responder seu chamado de maneira firme e consciente".

Animador: Sejamos nós, pela força do Espírito Santo, capazes de profetizar diante das injustiças, capazes de educar nossos filhos para viverem a justiça, de lutar pelos bons e levantar nossa voz contra os maus.

Todos: Que seu Espírito nos fortaleça, Senhor!

Animador: Oremos.

Todos: Senhor Jesus, no Batismo fomos levados por nossos pais e por uma comunidade fomos acolhidos. Assim fizemos com nossos filhos. Recebemos o vosso Espírito que tem nos acompanhado e nos dado força para sermos bons cristãos, tornando-nos verdadeiras testemunhas e prontos para assumir nossa missão de evangelizar e testemunhar o seu nome em nossa família e até os confins da terra. Por isso somos muito gratos.

Animador: Em nome do Pai e do Filho e do Espírito Santo.

Todos: Amém.

Uma tarefa para toda a família

Conversar com toda a família sobre o sentido do Sacramento da Confirmação para nossa vivência cristã, e assumir o compromisso de procurar testemunhar a fé em Cristo Jesus no dia a dia.

A força da reconciliação 5

Ambientação

Sobre uma mesa colocar um copo ou outro recipiente de vidro com água limpa, outro com água suja. A intenção é mostrar que, quando pecamos, já não somos transparentes, passamos a ser turvos, escuros, coração duro, fechado. **Ou então**: Colocar no ambiente do encontro, de forma destacada, uma ou mais pedras ásperas, alguns galhos secos, outros verdes, derramar sobre essas pedras um pouco de azeite de modo que fiquem manchadas e, assim, possam simbolizar o que o pecado faz em nós, ou seja, deixa-nos manchados, marcados. Providenciar água sanitária ou iodo.

O que queremos com este encontro

Compreender que reconciliando-nos com Deus e com os irmãos podemos desfrutar da comunhão com Ele vivendo uma existência feliz cuja fonte é o amor.

Acolhida

Animador: Recebemos cada um de vocês neste encontro de catequese e família com muita alegria. Sejam todos bem-vindos! Para aproveitarmos melhor esse momento, vamos invocar o Espírito Santo, pois é Ele que nos une como irmãos, como membros da família de Deus.

Todos: Vinde, Espírito Santo, enchei os corações dos vossos fiéis e acendei neles o fogo de vosso amor. Enviai o vosso Espírito e tudo será criado. E renovareis a face da terra. *Oremos:* Ó Deus, que instruístes os corações dos vossos fiéis com a luz do Espírito Santo, fazei que apreciemos retamente todas as coisas segundo o mesmo Espírito e gozemos sempre de suas consolações. Por Cristo Senhor Nosso. Amém.

Animador: Neste encontro vamos refletir sobre o caminho que trilhamos em nossas vidas e que, muitas vezes, não é o desejado por Deus. Assim procedendo, nos separamos dele e acabamos proclamando a vontade pessoal como instrumento de referência para saber se determinada ação é certa ou errada.

Catequista: É preciso que compreendamos o que a Sagrada Escritura nos diz a respeito do nosso rompimento com Deus e com os irmãos e o caminho que nos levará à reconciliação com eles. Deus sempre está pronto a nos acolher por sua imensa misericórdia.

Canto

A Palavra de Deus ilumina nossa vida

Animador: Vamos acolher a Palavra de Deus cantando.
(Organizar a procissão de entrada da Bíblia na sala de encontros.)

Animador: A Palavra de Deus é luz quando sabemos acolhê-la. E o modo mais correto de fazê-lo é quando esta é transformada em vida. Se não o fazemos, se não a colocamos em prática, serão apenas belas palavras que serão apreciadas, mas não terão nenhuma incidência em nossa vida.

Canto

Leitor: Leitura do Evangelho de Jesus Cristo segundo Lucas (Lc 7,36-50).

Leitor: Palavra da Salvação.

Todos: Glória a Vós, Senhor!

Canto

MEDITANDO O TEXTO BÍBLICO

Catequista: Para entendermos melhor o que este rompimento com Deus e com os irmãos a que chamamos de pecado provoca em nós, vamos observar atentamente uma demonstração que faremos.

DINÂMICA

Apresentar aos participantes um copo com água limpa e explicar que, quando nascemos, somos assim: limpos, transparentes como a água. Com o passar do tempo pelas atitudes que vamos tendo ao longo da vida e que são contrárias ao projeto de Deus, vamos sujando esta água e colocando nela coisas que vão mudando sua cor e aparência. *(Colocar no copo, ou recipiente com água limpa, uma porção de terra, galhinhos de plantas, folhas ou alguma anilina que venha tingir a cor da água.)* Ela vai ficando turva, não é mais transparente.

E agora, o que fazer?

Deixamos que a água limpa, que é nossa vida, continue suja, acumulada de coisas erradas que nos afastam de Deus ou voltamos para o convívio dele, pedindo perdão pelos nossos erros? Claro que desejamos fazer as pazes com Deus para voltar ao seu convívio.

Como fazer?

E fazemos isto, pelo Sacramento da Reconciliação ou Penitência ou da Confissão. *(Pedir para que um dos participantes coloque na água suja gotas de iodo ou água sanitária, que imediatamente tornará a água limpa e transparente de novo.)*

Este é o efeito da reconciliação em nossa vida, Deus com sua misericórdia nos torna limpos de novo, tira de nossos ombros o grande peso do pecado. Somente com a força da reconciliação é que nos tornamos próximos de Deus novamente, e nos traz de volta a paz e a companhia de Deus.

Animador: Vamos reler o texto de Lucas pensando na demonstração que acabamos de fazer para perceber qual a ligação entre eles?

(Dar um tempo para a partilha das considerações do grupo.)

 PARTILHANDO A PALAVRA DE DEUS

Animador: Quando pecamos viramos as costas para Deus. Pecado existe, e não só é um mal, como faz mal a quem o pratica. Basta observarmos as cenas do nosso cotidiano onde se dissipa a violência, guerras, injustiças, abusos, egoísmos, ciúmes e vinganças tão difundidos pelas notícias nos jornais, rádio, televisão e internet.

Leitor 1: A experiência do perdão nos dá a certeza de que o bem existe e é muito maior que o mal; que a vida é bela e que viver retamente, por amor e com amor, é muito gratificante.

Todos: Quem vive do amor misericordioso de Deus está pronto a responder ao apelo do Senhor: "Vai primeiro reconciliar-te com teu irmão" (Mt 5,24).

Leitor 2: Perdão é perder, soltar, abrir mão e desarmar! A força do perdão é a arma dos poderosos, dos sábios, dos inteligentes, dos que querem se manter saudáveis física, emocional e mentalmente.

Todos: Quem vive do amor misericordioso de Deus está pronto a responder ao apelo do Senhor: "Vai primeiro reconciliar-te com teu irmão" (Mt 5,24).

Leitor 1: Perdoar é envolver o nosso interior, a nossa vontade, a nossa alma e o próprio Deus, pois Deus é a fonte do amor e da misericórdia.

Todos: Quem vive do amor misericordioso de Deus está pronto a responder ao apelo do Senhor: "Vai primeiro reconciliar-te com teu irmão" (Mt 5,24).

Leitor 2: Perdoar é um processo de aprendizagem. Isso é um desafio, o desafio de manter as portas abertas para restabelecer as relações com Deus e com os irmãos.

Todos: Quem vive do amor misericordioso de Deus está pronto a responder ao apelo do Senhor: "Vai primeiro reconciliar-te com teu irmão" (Mt 5,24).

Leitor 1: Perdoar é estar no controle da própria vida. Jesus, na cruz, olhou para as atitudes das pessoas e escolheu estar no controle da sua vida, dizendo: "Pai, perdoa-lhes! Eles não sabem o que fazem!" (Lc 23,34).

Todos: Quem vive do amor misericordioso de Deus está pronto a responder ao apelo do Senhor: "Vai primeiro reconciliar-te com teu irmão" (Mt 5,24).

Animador: Aí está o valor imenso do perdão e da reconciliação dentro da família, um lugar onde se vive intensamente o amor capaz de transpor barreiras dia após dia, cercados pelas provações diárias do mundo que os envolve.

Canto

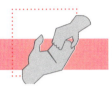

CONSTRUINDO NOSSA VIDA DE FÉ

Animador: Vamos trazer para nossas famílias as reflexões que até agora fizemos, pois é a família o lugar especial onde a força do perdão e reconciliação se faz presente.

Leitor 1: Se no ambiente familiar no qual vivemos não reina o verdadeiro perdão porque não exercemos o verdadeiro amor, se somos duros de coração e temos dificuldades de perdoar, como podemos ou queremos ser perdoados?

Cantar o refrão: Piedade, piedade, piedade de nós (bis).

Leitor 2: Se desejamos que nossas famílias sejam um projeto de Deus, mas não deixamos espaço para que Ele possa estar presente, como tornar nossa família testemunha do nosso amor por Deus?

Cantar o refrão: Piedade, piedade, piedade de nós (bis).

Leitor 3: Se não deixamos que o amor de Deus alcance as pessoas que nos ofenderam, perdoando e reconciliando-nos com elas, como podemos obter o perdão de Deus?

Cantar o refrão: Piedade, piedade, piedade de nós (bis).

PRECES E BÊNÇÃO DA FAMÍLIA

Animador: Conversando com Deus vamos deixar extravasar nossas emoções, nossos sentimentos. É um momento de entrega a Deus na oração. Todas as vezes que nos entregamos a Ele, o Espírito Santo age em nós porque estamos em sintonia com Deus Pai. Rezemos:

Todos: Ó Deus, eu quero viver uma vida plena de alegria, paz e felicidade, com o corpo e mente sadios e um coração aberto e limpo. Quero ter consciência dos meus erros, pois eles só me causam males e formam barreiras que impedem a ação do teu Espírito em mim. Reconheço, Senhor, que sou pecador e quero mudar, quero que Tu transformes o meu coração. Perdão, Senhor, misericórdia pelos erros que cometo a minha família ou então às pessoas com quem eu convivo.

Animador: Vamos encerrar este nosso encontro de reflexão e oração, rezando a Oração do Senhor: Pai nosso que estais nos céus...

Uma tarefa para toda a família

Que a família procure incentivar seus filhos a prestar atenção às suas atitudes e, quando magoarem ou ofenderem alguém, que busquem o perdão e a reconciliação.

Missa, banquete da unidade 6

Ambientação

Preparar o ambiente, colocando um porta-bíblia num lugar de destaque com uma vela ao lado. Da base da vela poderão sair fitas com as cores litúrgicas: branca, verde, roxa, vermelha.

O QUE QUEREMOS COM ESTE ENCONTRO

Internalizar o sentido da celebração eucarística e a importância da participação da família nesta ceia instituída por Cristo.

ACOLHIDA

Animador: Queridos pais e familiares de nossos catequizandos, sejam todos bem-vindos a este nosso encontro. Em nossas casas quase sempre nos reunimos em torno da mesa para conversar, falar dos nossos sentimentos, alegrias, tristezas e principalmente nos alimentarmos. Há mais de dois mil anos também era assim. Foi numa refeição, numa ceia, que Jesus reuniu seus apóstolos durante a Páscoa no ano de sua morte.

Catequista: Estamos reunidos como irmãos que professam a fé em Jesus Cristo. Iniciemos traçando sobre nós o sinal da cruz, sinal do cristão: *Em nome do Pai e do Filho e do Espírito Santo.*

Todos: Amém.

A Palavra de Deus ilumina nossa vida

Animador: Vamos acolher a Palavra de Deus cantando.
(Organizar a procissão de entrada da Bíblia na sala de encontros.)

Leitor: Leitura do Evangelho de Jesus Cristo segundo Lucas (Lc 22,17-20).

Narrador: Chegada que foi a hora, Jesus pôs-se à mesa, e com Ele os apóstolos. Disse-lhes:

Todos: Tenho desejado ardentemente comer convosco esta Páscoa antes de sofrer. Pois vos digo: não tornarei a comê-la até que ela se cumpra no Reino de Deus.

Narrador: Pegando o cálice, deu graças e disse: Tomai este cálice e distribuí-o entre vós.

Todos: Pois vos digo: já não tornarei a beber do fruto da videira até que venha o Reino de Deus.

Narrador: Tomou em seguida o pão e, depois de ter dado graças, partiu-o e deu-lho, dizendo:

Todos: Isto é o meu corpo, que é dado por vós; fazei isto em memória de mim.

Narrador: Do mesmo modo tomou também o cálice, depois de cear, dizendo:

Todos: Este cálice é a nova aliança em meu sangue, que é derramado por vós...

Leitor: Palavra da Salvação.

Todos: Glória a Vós, Senhor!

Canto

Meditando o texto bíblico

Animador: Vamos reler silenciosamente e com bastante atenção o texto de Lucas.

(Aguardar que todos releiam o texto.)

Animador: Jesus reúne-se com seus amigos para uma Última Ceia. É o momento da despedida. Mesmo sabendo que será traído, Ele realiza o gesto de suprema doação.

Todos: "Este é o meu sangue da nova aliança, que é derramado em favor de muitos, para remissão dos pecados" (Mt 26,28).

Animador: Jesus oferece-se em sacrifício para o perdão dos pecados de toda a humanidade. Reunido com seus apóstolos, Ele mostra seu compromisso radical com todos os homens: oferece sua vida ao Pai, entregando-se a si mesmo, seu corpo e seu sangue, por toda a humanidade.

Leitor 1: Simbolizando esta sua entrega, Jesus escolheu alimentos bem comuns do povo, o pão e o vinho. E deles faz seu Corpo e seu Sangue: é a Eucaristia, um sacramento do seu amor, alimento para a nossa vida.

Animador: Embora partisse deste mundo e voltasse ao Pai, Jesus permanece na Eucaristia como alimento. Ao ordenar a celebração perpétua deste mistério Ele nos dá a garantia de que permanecerá conosco até o fim. Seu gesto de entrega ficou para sempre vivo e eficaz entre nós na Eucaristia.

Leitor 2: A Eucaristia é presença de Jesus Cristo ressuscitado vivo e atuante entre nós. Toda vez que nos reunimos para celebrar a Eucaristia, Jesus está presente, entregando-se por nós, fazendo-se alimento para nós.

Animador: É importante notar que o Senhor pede que o cálice seja distribuído entre todos; é a partilha, a comunhão entre os presentes. Depois, Jesus diz "isto é". Ele não disse isto representa ou significa, mas disse bem claramente "é".

Leitor 3: Quando o sacerdote apresenta a Deus o pão e o vinho, na celebração eucarística, eles são transformados no Corpo e no Sangue de Jesus, pela ação do Espírito Santo. Eles são, verdadeiramente, Jesus.

Partilhando a Palavra de Deus

Leitor 1: A Palavra de Deus nos ensina a viver fraternalmente. Somos chamados a ser povo unido na fé, no amor e na esperança.

Leitor 2: O centro de encontro desse povo e sinal da igualdade é a celebração eucarística, a missa, celebrada por todos aqueles que vivem a mesma fé e se alimentam do mesmo Pão. Reunidos junto à mesa da Eucaristia, somos convidados a fortalecer os laços que nos unem a Cristo Jesus e aos irmãos.

Animador: Os primeiros cristãos entenderam a importância do gesto de Jesus na Última Ceia. Reuniam-se em comunidade para celebrar a Fração do Pão, para rezar e recordar os ensinamentos do Mestre. Assim, Jesus permanecia vivo e ressuscitado entre eles. Celebrar a Eucaristia era um compromisso de vida em comunidade.

Leitor 1: Sem conhecer o valor e o significado da missa, participando por obrigação ou repetindo as orações de maneira mecânica, não usufruiremos das bênçãos que a celebração nos traz.

Leitor 2: Participar da missa é responder ao convite de amor feito por Jesus. E a melhor maneira de participar da missa é conhecer seu significado na vida da Igreja, na vida da família para mantê-la unida, fortalecida pela vivência do amor, da partilha e pela experiência da espiritualidade.

Animador: A missa é para todos, mas a maneira de cada um participar pode ser diferente. Reflitamos sobre a nossa participação na missa, conversando com quem está ao nosso lado.

- Como me sinto ao participar da missa?
- O que me move a participar da comunidade: o amor (pois reconheço a importância da vida comunitária para minha fé) ou algum tipo de interesse (preciso participar para que meus filhos recebam os sacramentos...)?
- Qual o sentido da Eucaristia para mim e para a minha família?

(Aguardar um tempo para esta conversa com a pessoa sentada ao lado. Depois dar espaço para a partilha no grupo maior.)

Canto

Construindo nossa vida de fé

Animador: A Igreja organizou o Ano Litúrgico em torno da vida de Jesus, tendo como centro o mistério da sua morte e ressurreição: o Mistério Pascal. Assim, durante todo o ano, celebramos a obra libertadora de Deus em favor da humanidade, por meio de Jesus Cristo. Os tempos litúrgicos, ao longo do ano, são identificados pelas diferentes cores.

(Entrada das faixas com as diferentes cores litúrgicas – branca, verde, roxa, vermelha – e identificação dos tempos litúrgicos correspondentes.)

Catequista: Jesus ensinou e celebrou com seus discípulos. Na missa, também nós, como irmãos reunidos, ouvimos seus ensinamentos e celebramos. Fazemos isso com uma maneira própria para vivenciar os gestos, palavras e a vida de Jesus – é o rito da missa, organizada em partes distintas, porém integradas.

(Apresentar, no momento da leitura, um cartaz com as palavras-chave: Ritos Iniciais, Liturgia da Palavra, Liturgia Eucarística, Ritos Finais.)

Leitor 1: Com os Ritos Iniciais da missa aqueles que, respondendo ao convite de Deus, reúnem-se e apresentam-se a Deus em oração, são acolhidos. Iniciamos a missa traçando o sinal da cruz, sinal do cristão, significando que colocamos nossa vida nas mãos da Santíssima Trindade.

Leitor 2: Na Liturgia da Palavra, Deus une e reúne seu povo pela Palavra, que se faz nosso alimento espiritual e ilumina nossa comunidade. É o próprio Jesus quem fala quando se leem as Sagradas Escrituras na missa! (cf. *Sacrosanctum Concilium*, 7.)

Leitor 3: Tendo ouvido e acolhido o ensinamento de Jesus, nos reunimos junto à mesa eucarística para participar da refeição do pão e do vinho que se tornam Corpo e Sangue de Cristo – é a Liturgia Eucarística. Quem comunga recebe o alimento da Palavra de Deus, o Corpo e o Sangue de Jesus. Isto é, quando recebemos a Eucaristia, participamos da vida, morte e ressurreição de Jesus.

Leitor 4: A missa termina com os Ritos Finais, quando acontece a bênção e o envio da comunidade. Assim como Jesus enviou seus discípulos após sua ressurreição para anunciar pelo mundo a Palavra de Deus, nós somos enviados para anunciar o Deus que caminha conosco, para viver a missa da vida.

Preces e bênção da família

Animador: Jesus reuniu-se com seus discípulos para um momento de despedida e deixou-nos um grande dom: a Eucaristia.

Leitor 1: Os primeiros cristãos reuniam-se para partir o pão e escutar a Palavra, alimento para a alma e para a vida.

Todos: Senhor Jesus, como os primeiros cristãos, também nós queremos ser alimentados pela vossa Palavra e pelo vosso Corpo e Sangue.

Animador: Neste encontro refletimos sobre o sentido da Eucaristia e a importância de nos colocarmos em sintonia com toda a comunidade. De mãos dadas rezemos a oração que o próprio Jesus nos ensinou: *Pai nosso, que estais nos céus...*

Canto

Uma tarefa para toda a família

Participar da missa dominical toda a família reunida, e conversar em casa sobre o texto do Evangelho proclamado.

Referências

Catecismo da Igreja Católica. Petrópolis: Vozes, 1993.

CELAM. *Documento de Aparecida*. Brasília: CNBB, 2007.

_____. *Conclusões da Conferência de Puebla*: evangelização no presente e no futuro da América Latina. 13. ed. São Paulo: Paulinas, 2004 [Sal e Terra].

CNBB. *Diretório Nacional de Catequese*. Brasília: CNBB, 2006.

_____. *Catequese renovada*: orientações e conteúdo. São Paulo: Paulinas, 1983 [Documento n. 26].

"Constituição *Sacrosantum Concilium*, sobre a sagrada liturgia". Compêndio do Vaticano II: constituições, decretos, declarações. 29. ed. Petrópolis: Vozes, 2000.

JOÃO PAULO II. *Carta apostólica* Dies Domini, *sobre a santificação do domingo*. São Paulo: Paulinas, 2007.

_____ Carta encíclica Ecclesia de Eucharistia, *sobre a Eucarista na sua relação com a Igreja*. São Paulo: Paulinas, 2003, n. 185.

KOLLING, M. et al. (orgs.). *Cantos e orações* – Para a liturgia da missa, celebrações e encontros. Petrópolis: Vozes, 2007.

Missal cotidiano – Missal da assembleia cristã. São Paulo: Paulus, 1996.

SAGRADA CONGREGAÇÃO PARA O CULTO DIVINO. *Ritual de bênçãos*. São Paulo: Paulus, 2003.

CDs

PE. ZEZINHO. *12 sucessos*. São Paulo: Comep/Paulinas, 2004.

_____. *Alpendres, varandas e lareiras*. São Paulo: Comep/Paulinas, 1999.

CULTURAL
Administração
Antropologia
Biografias
Comunicação
Dinâmicas e Jogos
Ecologia e Meio Ambiente
Educação e Pedagogia
Filosofia
História
Letras e Literatura
Obras de referência
Política
Psicologia
Saúde e Nutrição
Serviço Social e Trabalho
Sociologia

CATEQUÉTICO PASTORAL
Catequese
Geral
Crisma
Primeira Eucaristia

Pastoral
Geral
Sacramental
Familiar
Social
Ensino Religioso Escolar

TEOLÓGICO ESPIRITUAL
Biografias
Devocionários
Espiritualidade e Mística
Espiritualidade Mariana
Franciscanismo
Autoconhecimento
Liturgia
Obras de referência
Sagrada Escritura e Livros Apócrifos

Teologia
Bíblica
Histórica
Prática
Sistemática

REVISTAS
Concilium
Estudos Bíblicos
Grande Sinal
REB (Revista Eclesiástica Brasileira)
SEDOC (Serviço de Documentação)

VOZES NOBILIS
Uma linha editorial especial, com importantes autores, alto valor agregado e qualidade superior.

VOZES DE BOLSO
Obras clássicas de Ciências Humanas em formato de bolso.

PRODUTOS SAZONAIS
Folhinha do Sagrado Coração de Jesus
Calendário de Mesa do Sagrado Coração de Jesus
Agenda do Sagrado Coração de Jesus
Almanaque Santo Antônio
Agendinha
Diário Vozes
Meditações para o dia a dia
Guia Litúrgico

CADASTRE-SE
www.vozes.com.br

EDITORA VOZES LTDA.
Rua Frei Luís, 100 – Centro – Cep 25689-900 – Petrópolis, RJ
Tel.: (24) 2233-9000 – Fax: (24) 2231-4676 – E-mail: vendas@vozes.com.br

UNIDADES NO BRASIL: Belo Horizonte, MG – Brasília, DF – Campinas, SP – Cuiabá, MT
Curitiba, PR – Florianópolis, SC – Fortaleza, CE – Goiânia, GO – Juiz de Fora, MG
Manaus, AM – Petrópolis, RJ – Porto Alegre, RS – Recife, PE – Rio de Janeiro, RJ
Salvador, BA – São Paulo, SP